Filippo (

SANGUE UN~~GHIE~~

Poesie e prose poetiche

A cura e con una postfazione di Lorenzo Calvisi

In copertina: William Turner, *The Burning of the Houses of Lords and Commons*, 1834, Cleveland Museum of Art, particolare.

Indice

Indice	4
SANGUE	7
UNGHIE E OSSA	7
Nota al testo	8
Prose poetiche	9
La fine si rivelò schiacciante	11
Una fredda luce	12
Fuggitivo	13
Il liquore	14
Cenere	15
Poesie	17
Oceano	19
La natura piange ancora	20
Risata che si spezza	21
Ragno	22
Eco del tempo	23
Musa	24
Reazione	25
Sotto di me il vuoto	26
Il cuore, perduto in sé stesso	27
Un anfibio	28

Apice	29
Bruciati da se stessi	30
Lungo nulla	31
Discendere	32
Nessun soldato all'orizzonte	33
Suggestioni	34
Le spinose redini di un dono	37
Icaro	38
Il supplizio	39
Salamandra	40
Fatte d'aria acqua e terra	41
Orfano d'acqua	42
Io che son d'Arcadia	43
Fratture nel suono	44
Risposte	45
Ghigliottina	46
Cieco marionettista	47
Non sconfitta ma destino	48
Fatal rintocco	49
Sorgente	50
Amare una maschera	51
Dubbio	52
Lume	53
Assimilazione	54

Fiore	55
Origini d'ispirazione	56
Melodie	57
Ricordi passati	58
Equilibrio	59
I sogni	60
Puri	61
Ascesa e pentimento	62
Sangue unghie e ossa	63
20/03	64
Arte	65
Tre del mattino	66

Postfazione — **71**
   La poesia in prosa, ovvero della dissoluzione — 73
   Post scriptum — 79

Filippo Quaglia

SANGUE

UNGHIE E OSSA

Nota al testo

Questa seconda silloge, come la precedente *Il rosso abbandonò l'Occidente*, è frutto non di un disegno dell'autore ma di selezione e curatela di terzi, condotta in ambedue i casi secondo un costante confronto col Poeta. Anche qui l'aderenza ai testi è massima e le correzioni ridotte al minimo. Le Poesie seguono le Prose Poetiche, ed all'interno di ciascuna sezione i testi sono ordinati su base cronologica, con la data aggiunta in calce. I titoli scritti in italico sono quelli scelti dal Curatore, gli altri dall'Autore.

Il Curatore.

Prose poetiche

La fine si rivelò schiacciante

Il cielo cala la sua rete attraverso i boschi e la terra sottostanti, mentre l'acqua si disseta degli aridi frutti dell'uomo. Durante l'incombenza del ritorno all'uno non si svelaron bestie ai loro occhi: non esseri fatti fuoco, serpi, o portatori di corone. Solo una titanica e genuina espressione di ciò che avevano sempre visto. La fine si rivelò schiacciante, una trasmissione di pacato terrore; non perché definitiva, ma perché non memorabile... normale.

18 Settembre 2021

Una fredda luce

Una luce fredda taglia il velo che oscura il mio cielo: improvvisamente non mi sento più tanto solo. Sussurra piano al custode dei miei gusci, cercando di non svegliarlo e vaga per la stanza svelando dal buio le risposte alla mia vista. Si presenta sicura di fianco a me una lastra fatta di ombre che la luce sembra non poter tagliare. Curiosa la mano indaga stendendo le dita fino a far sprofondare il palmo, una sensazione di freschezza che lenisce il caldo di quella notte buia. In lontananza oltre il muro che lo rinfresca il suono dei latrati di alcuni cani giunge alle sue orecchie, anche la sua mano vorrebbe indagare ma le sue dita non arrivano tanto lontano, neanche la vista se non per quella gelida fessura di luce non può muoversi di molto. Allora si serrano i cancelli che spalancano la libertà della mente ed allora arriva la risposta: i segugi abbaiano di fronte al niente confusi da ciò che potrebbe essere nella notte e nel buio senza stelle che li circonda.

19 Settembre 2021

Fuggitivo

Fuggitivo, nasconde il suo volto con una maschera ed il suo corpo è avvolto da un mantello. Un'aria di mistero e di sospetto lo circonda, come se volesse esser un richiamo per l'altrui attenzione e non più un essere umano. Tuttavia, in quella figura che vestiva di nebbia e foschia, una frattura restava ben viva, seppur nascosta in modo abile e superbo. Un dolore che ha in ventre il seme della debolezza, incontrastato, sboccia e piega agli inutili ideali di una mente spezzata il resto del suo corpo. Nascondere una ferita, infatti, non la rimargina né guarisce; lontano dall'aria e dalla luce sorgono gloriose le infezioni e il resto della struttura inizia a venir meno. Eppure, il cangiante pittore, nell'imperscrutabilità del suo dipinto, scova il buco nella parete con il suo pennello e provvede a punir il folle che ha ignorato il danno solo perché riteneva "migliore" la libertà nel soffrire. Sciocco, ogni scelta nella sua estrema libertà, ha come naturale controindicazione, l'estremo giudizio di fronte e pecca nel nascondere e non agisce. Ora il punito emerge dalla vernice, che nel colar verso il basso, tornando a se stessa, trascina con sé il sangue, la pelle e le vene della nebbia. Ultime furon le urla "LO FACEVO PER FUGGIR IL DOLORE, OGNI MIO PENSIERO DA ALLORA ERA IN CATENE, VE NE PREGO PIETÀ". Per sfortuna del fu "uomo nebbia" quando La Mano degna si muove l'azione è già compiuta e adesso sarai colore per dipingere altra sofferenza, prova di valore e determinazione.

24 Settembre 2021

Il liquore

Miro dalle mie segrete, sovrani e signori, nelle cui mani sovrabbondano speranze e sogni.

Scelgono sicuri i nodi nel filo della vita, per scioglierli dopo solo pochi miseri secondi. Sorgono così in fretta: sfrecciano e si seggono su alti troni nei ricordi della gente per essere già pronti a sprofondare. In un oceano di occasioni la volontà si occulta e un liquore che sa di indecisione di fronte ad un bivio essa si scola. Io invece mi son fatto forza; ci son troppi padroni di sé stessi e pochi disposti ad essere di sé schiavi. Li osservo colmo di pietà tra le spire mentre decidono con che cibo ingrassare, con che donna soffrire e di che morte morire e ignoro, in tutto questo, la chiave poco distante che supplica di riabbracciare la serratura.

24 Ottobre 2021

Cenere

Cenere per ciò che fu, fuoco per quel che è ed una scintilla per ciò che è prossimo a venire. Vanitoso nel suo essere, etereo ed inconsistente; eppure così pesante: un opprimente fardello sulle spalle d'ogni essere vivente. E ben al di là di ogni umano ed immaginabile sforzo, basta un alito di vento, una folata, per far sì che la giovane scintilla muoia.

6 Novembre 2021

Poesie

Oceano

L'orizzonte illimitato ti confina;
Un altro passo e cadrai nel nulla.
La forza che verso 'l basso ti trascina
E che poi verso l'alto ti risputa
Si impadronisce della tua persona,
E l'aria a fatica nei polmoni striscia.
E come fuoco per attrito brucia
Non delicato scorre ma, contorcendo, struscia
Con la tosse che 'l respiro aggrava
Il mio corpo stanco rinnega la battaglia
E sotto ad uno specchio troverà
Una dimora, da cui guardar, dalla finestra
Le nuvole pianger il mancato sole.

4 Dicembre 2020

La natura piange ancora

La natura piange ancora
Dopo aver smesso di gridare
Con il viso nero
Di un dolore che brucia,
Che lascia spezzate
migliaia di vite.

7 Dicembre 2020

Risata che si spezza

Affonda i denti nella giovane carne,
Così si sfama l'aureo ratto.
Venerato dai lustri uomini sfarzosi
Il feto rosicchiato sta piangendo,
Sa solo che ora soffre. Nessun'altra cosa.
Incidi la pelle sul tuo palmo,
Ti è consentito perché non stringi nulla
Per questo sei vuoto, insignificante
Proprio come il nulla che è nella tua mano.
Frammenti di una risata che si spezza
Tagliano la tela cucita con il filo
Del lavoro di una vita intera.
Rimarca i tagli sul tuo vuoto palmo
Lascia che sia grandine il tuo pugno
Devasta il raccolto di quel ratto.

11 Dicembre 2020

Ragno

Tinge di bianco la sua tela
Sotto il rigor di una musa
Egli attento lavora,
E un occhio attento error non perdona.
Ed egli attende, pazienza sua signora,
Che il lavor suo catturi la giusta attenzione.
Poi qualcosa nell'osservatore scatta:
Non è più sua la decisione.
Bellezza e passione trascinano,
Con forza, verso la fine.

13 Dicembre 2020

Eco del tempo

L'eco del tempo nella mente umana
Riecheggia come richiamo di morte.
L'acqua di una sorgente divina
Legata strettamente alla tua sorte.
E come un uomo non temerebbe mai
Un piccolo fiume, tu non temerai
Brevi momenti. Ma tremando
In un vasto oceano oscuro
Invano dall'eterno tenterai la fuga.

14 Gennaio 2021

Musa

Del mondo riuscire a capirne l'astrazione
Veder la retta torcersi e piegare,
Spezzarsi in mille punti e lì restare.
Di un cerchio saperne veder l'inizio:
Riuscire a spostarsi, vedendo così
Dell'elicoidale il profilo.
Giunta dalla cima del Parnaso
O da quell'abisso che ti scruta,
Ispirazion possiedi la mia mente;
Rendimi Dio, in quanto creatore
Invincibile su tutto: tempo e morte.

14 Gennaio 2021

Reazione

Figli dell'impatto che dà vita,
Della reazione e dei prodotti
Non ci è dato sapere.
Possiamo solo farci ardere e lasciar spazio
Al nuovo.

20 Gennaio 2021

Sotto di me il vuoto

Un passo. Mi avvolse la paura.
Come una piuma, incapace di volare
Vince l'aria finché ad un volatile appartiene.
Così io volavo, attaccato ad un sentimento,
Un fuoco. Sotto di me il vuoto,
Circondato dal buio e davanti a me l'ignoto.
Le gambe si mossero da sole.
La paura fu ben presto bruciata
Un passo, uno solo in più,
Il fuoco sconfitto dal buio si spense.
La piuma si stacca e cade.

27 Gennaio 2021

Il cuore, perduto in sé stesso

Passione: ricerca lo smarrimento,
Il cuore, perduto in sé stesso.
Avvicina la mano timida,
Arrossisce, ormai si sente, è chiaro
Il suono della marcia d'un tamburo.
Scorre il filo del discorso,
Parole taglienti, lungo la mente
Come il filo di una lama.

29 Gennaio 2021

Un anfibio

Una rana o un rospo, non ricordo
Gracidava, pigrone, l'anfibio
Quiete nel suo occhio l'orizzonte
Un suono risuonava, profondo,
E il destino sferra il suo colpo.

30 Gennaio 2021

Apice

L'arte, possiede lo scopo ultimo
D'essere creazione, come la vita.
Figlie di un Dio, consapevole,
Di non aver creato un circo
Per intrattenere dei bifolchi,
Ma un'opera superiore a se stesso,
La quale necessita, per obbligo,
D'esser divinizzata e preghiera.

9 Luglio 2021

Bruciati da se stessi

Bruciati da se stessi,
D'un intrinseco fuoco.
Abbandona in terra la tua cenere
E lascia ascendere verso il sole,
Intangibile, volatile anidride

12 Luglio 2021

Lungo nulla

Lungo il confine, smorta, una linea
Traccia il limite per una vista nuova.
Nulla da vedere, sentire o provare;
Un lungo vuoto assaggia la materia.
Solo, in mezzo ai miei molti volti
Mi nascondo dagli occhi di quel nulla.
Provato il vero egli ne brama ancora;
I miei visi cadono uno ad uno
Fino a lasciarmi solo, indifeso,
Pronto a scomparire come lore

13 Luglio 2021

Discendere

Sciolto, in una caduta eterna
Continua a scivolare in aria, da anni
Nulla di solido attorno, che sia certezza
Speranza o anche solo un'illusione
Abbandonato al niente,
Nella terra in cui tutto è nulla.
Sferzato da un vento di pensieri
Oscilla, in caduta libera,
Consumato, dalla forza d'erosione
Del suo essere, grave, che cade
E prima o poi atterra.

16 Luglio 2021

Nessun soldato all'orizzonte

Il re leva il suo capo e d'oro è la corona
Brillan sotto di lui migliaia di lame
Che vibran come un mare d'erba.
Nessun soldato all'orizzonte,
Qualche fuggitivo corazzato
Fugge tra le dune.

25 Luglio 2021

Suggestioni

Primo.

In un bosco, un sentiero taglia
la fitta e impervia vegetazione.
Sui lati di questa linea si ergono
statuarie colonne bianche,
assorbite dalla natura che
su di loro si è arrampicata.
Simili a tronchi, pallidi e smorti:
condannati a morte da una lama,
decapitati e privati di chioma.
Ma non una lama d'acciaio, o ferro,
Il frammento di uno specchio
che riflette il falco
che vola nel cielo.

Secondo.

Le numerose dita bianche, ormai,
fuggono l'aria, richiamate al cuore
da una forza primordiale e primaria.
Il blu freddo della notte abbraccia,
affettuoso, l'ambiente circostante
sempre più spoglio di dettagli;
inizia a mostrarsi timido, nudo,
l'orizzonte: l'ultimo dei confini.

Terzo.

Si mostra adesso, orgoglioso,
un sostanzioso e sublime nulla.
Fugge agile la terra dai piedi,
lo sguardo sembra spaventar le stelle,
e ti divora l'ansia di cadere
seppur in basso non ci sia niente
su cui si possa precipitare.

Quarto.

In quel vuoto un suono ti colpisce,
senza coinvolgere l'udito
e ti parla, sfiorandoti la mente.

30 Luglio 2021

Le spinose redini di un dono

Una vita nel sacrificio,
Nel tentativo di imbrigliare
Una forza che trascende
La mia condizione.
Eppure ne sono cosciente:
Sveglio, continuo a rincorrere un sogno.
Sacrifici fatti a vuoto,
Notti passate a parlare a me stesso
Sono forse una maschera?
Come se avessi paura, d'ammettere,
Che voglio autodistruggermi.

30 Luglio 2021

Icaro

Un piede sostiene, da solo,
L'intero peso del tuo essere.
L'altro, sognatore, il suolo sdegna,
Volando, Icaro testardo, sull'abisso

13 Agosto 2021

Il supplizio

Non sarà un uomo a farlo
Quegli stupidi non possono.
Oltrepassare ciò che ignorano
Li rende ridicoli, piacevoli da guardare.
Non li punire con la morte,
Apollo. Loro voglion essere dei
E che lo siano, per sempre.
Benedicili con l'immortalità
E capacità uniche rispetto agli altri.
Pietrificare incrociando il loro sguardo,
Essere in grado di saper tessere una tela;
Però che siano grotteschi, osceni,
Come il buon vecchio Efesto
Che porta le corna di Ares, suo fratello.
Così li punirai e lo farai in eterno.

08 Settembre 2021

Salamandra

Nero traspira, traslucido,
e spruzzate macchie di giallo
dalle nobili fate dei celti;
provochi fiamme e vivi nel fuoco.

13 Settembre 2021

Fatte d'aria acqua e terra

Lasciva immagine di Luna
lasci, sulla riva, un riflesso,
tagliando le cime delle onde,
ch'è l'insieme delle gocce
d'un ampio mare di ricordi.
La tua falce passa attraverso i fiordi,
la terra si china durante il tuo passaggio
timorosa della tua bellezza, lascia spazio
e le nubi e la nebbia copron la tua forma
con un vestito che è elegante,
ma trasuda con la luce la malizia.

18 Settembre 2021

Orfano d'acqua

Giudicato dal freddo, dal cielo e dall'acqua
Nato su una nave crebbi tra le onde del mare
Conobbi la pioggia ed il suo amore per la terra
Ed anche i pozzi che placano la sete, e ancora
Il timore dei fiumi, che spazzano via male.
Sognavo di sparire, trascinato a fondo,
Sopra di me veder volare le balene
E fuoco splendente nel mio sguardo.
Invece, gettato all'interno delle fogne;
Stretto dal tanfo della merda e del sangue.
La gola tagliata non consente di urlare
In testa bestemmio solo il suo nome,
E me ne vado falciato per sole quattro monete.

25 Settembre 2021

Fatte d'aria acqua e terra

Lasciva immagine di Luna
lasci, sulla riva, un riflesso,
tagliando le cime delle onde,
ch'è l'insieme delle gocce
d'un ampio mare di ricordi.
La tua falce passa attraverso i fiordi,
la terra si china durante il tuo passaggio
timorosa della tua bellezza, lascia spazio
e le nubi e la nebbia copron la tua forma
con un vestito che è elegante,
ma trasuda con la luce la malizia.

18 Settembre 2021

Orfano d'acqua

Giudicato dal freddo, dal cielo e dall'acqua
Nato su una nave crebbi tra le onde del mare
Conobbi la pioggia ed il suo amore per la terra
Ed anche i pozzi che placano la sete, e ancora
Il timore dei fiumi, che spazzano via male.
Sognavo di sparire, trascinato a fondo,
Sopra di me veder volare le balene
E fuoco splendente nel mio sguardo.
Invece, gettato all'interno delle fogne;
Stretto dal tanfo della merda e del sangue.
La gola tagliata non consente di urlare
In testa bestemmio solo il suo nome,
E me ne vado falciato per sole quattro monete.

25 Settembre 2021

Io che son d'Arcadia

Non ho dimenticato la mia storia.
Da vero mostro ho vissuto come empio
Prima d'esser bestia nella memoria;
Un'impudenza che non teme neanche un Dio.
Vestire di seta lo spettro dell'est,
Rendere erotico il consumo del suo pasto.
Patetico, nascondersi dietro belle storie,
Io che son d'Arcadia, figlio di Pelasgo,
Non nutro più nessun istinto oltre la fame.
La carne umana ha stancato anche il palato.

29 Settembre 2021

Fratture nel suono

Falli smettere, voglio finiscano
Non riesco più sentirli urlare.
La mia anima si è nascosta
Da tutto quell'odio
Che riesce a farla piangere.
Il faro ha smarrito la sua luce.
Cieco, sente in testa ardere
Una voce.
Come può esistere
Un mostro tale,
Da perdonare tutto questo
Per poi svanire.

07 Ottobre 2021

Risposte

Cade dell'acqua, lo specchio è rotto,
Rigato di rosso; la social matrona
Si fa sentire col suo verso al tramonto.
E vagano le bestie
Non più per soddisfar
La sete, la fame e difender la vita.
Si son tutte fermate a cercar risposte
A domande che non ne hanno.

09 Ottobre 2021

Ghigliottina

Il frutto è maturo ormai, sta per cadere.
Ripercorri con cura le diramazioni
Fino a che non giungerai alla radice
Converrai con me ch'è marcio; solo amputando
Si potrà in qualche modo poi salvare.
Salvarlo fu possibile in un istante:
La lama imparziale fece il suo percorso
E rotolò la testa, non molto lontana dall'albero.

13 Ottobre 2021

Cieco marionettista

Disgrega, entropico, inarrestabile
Avanza. Cieco marionettista,
Padre inconsapevole di dolore,
Gioia e qualsiasi altro evento.
Non è malvagio chi ignorante agisce

24 Ottobre 2021

Non sconfitta ma destino

Come il fuoco mi innalzo al cielo
non aver le ali non mi fermerà
poiché il mio spirito che brucia
reclama risposte a ciò che cerco.
L'Ingranaggio continua, sì, lo sento
e questo mi spinge ad avanzare
fin quando ormai sarà troppo tardi
e accetterò con dignità la fine,
col sorriso, perché non è sconfitta
ma destino.

26 Ottobre 2021

Fatal rintocco

Morte, come il fatal rintocco
Della tua ultima ora
Così e il tocco: ineffabile
E mortale che spoglia,
Il tuo corpo.

17 Novembre 2021

Sorgente

Al largo dei confini dei sensi
Si può vivere e sognare,
Attingere proprio da sé stessi
Trovare calma nella sorgente
In cui Quella Mancanza trova pace.
Ma è troppo tardi, solamente alla fine
scopri che l'acqua non è eterna,
non basta a bagnarti il piede.
E avresti preferito uno sfregio in volto
Più che il dolore scorrere sulla guancia.
Spezzato consumi il male decadente
Invochi il primo Dio che sai pregare
E a forza di cercare acqua
La terra si inumidisce ancora.

03 Dicembre 2021

Amare una maschera

Ed alla fine accade, come sempre,
Quella maschera che rapiva, rapida,
Il tuo animo, finisce per errare
Distante dal volto che lei celava.
Ed è sbagliato? Amare una maschera?
Che a volte noi stessi, posiamo
Su qualcosa, perché a tutti i costi
Vogliamo ritenerlo, per noi, SACRO.
E come tutti i simboli diventa,
Suo malgrado, un faro per un animo
Che si aggrapperà, con ogni sua forza,
Al suo nuovo e concreto Dio
Ignorando la sua vera natura,
Ciò che si cela sotto la maschera,
Il muro, dietro al bellissimo quadro.

07 Dicembre 2021

Dubbio

Forte è in grembo un dubbio, colpisce,
E afferma inarrestabile il dominio
Sulla mente e l'anima di ognuno.
Sei tratto nell'abisso, ma
Non c'è fondo, e hai tempo
di pensare.

09 Dicembre 2021

Lume

Chino su stesso, custodisce
Avido, il suo prezioso lume.
Domina dei suoi piedi
E del pavimento i segreti,
Ma ignora su di sé
Gli astri furiosi e ardenti.

09 Dicembre 2021

Assimilazione

Stucchevole il frutto delle scuse
Avvolge la lama del dolore.
E si scuotono le membra
Vorticano come serpi
E velenoso risale
Il rigetto del perdono.

10 Dicembre 2021

Fiore

D'inverno beato sarà il fiore
Che mostrerà i suoi petali al freddo
Prima ancora che l'aurora
Spazzi via la neve.
Dopo le verdi promesse a primavera
Le rosse menzogne d'estate
E le gialle illusioni d'autunno
Tutto torna a tremare
Con la nuda verità
Al gelo.

11 Dicembre 2021

Origini d'ispirazione

Essere radici orgogliose
Porta ad essere derisi
Dalle foglie
Che han visto il sole
E attinto alla sua luce.

12 Dicembre 2021

Melodie

Il silenzio avvolge la sala
La corda è tesa
La lama è già stata sguainata.
Il filo è tagliente ma gentile,
Mentre accarezza la fune
Una melodia si diffonde.
La morte suona con la vita
La canzone della terra
E del marmo.

13 Dicembre 2021

Ricordi passati

Ripescato dagli abissi del passato
La catena avvinghia l'animo
Ed è trascinato al ciglio del baratro.
Persino l'albero, unico appiglio
Si scosta. Già una volta intervenne
Per salvarlo da un ricordo.

14 Dicembre 2021

Equilibrio

Il mio sguardo prosegue
Instabile, lungo la passerella
Tracciata dal sole, sul mare.
Seppur vittima dell'equilibrio
Avanza.
Seppur risuoni nella mente
La domanda, cosa troverebbe
Se scivolasse in acqua
Se paura o calma.

17 Dicembre 2021

I sogni

I sogni si trovano in profondità:
L'uomo non può di certo volare.
Si raggiungono scavando, un duro
Lavoro. E se si scava male o
Con troppa fretta, tutto può crollare.

24 Dicembre 2021

Equilibrio

Il mio sguardo prosegue
Instabile, lungo la passerella
Tracciata dal sole, sul mare.
Seppur vittima dell'equilibrio
Avanza.
Seppur risuoni nella mente
La domanda, cosa troverebbe
Se scivolasse in acqua
Se paura o calma.

17 Dicembre 2021

I sogni

I sogni si trovano in profondità:
L'uomo non può di certo volare.
Si raggiungono scavando, un duro
Lavoro. E se si scava male o
Con troppa fretta, tutto può crollare.

24 Dicembre 2021

Puri

Giudicato dal freddo, dal cielo e dall'acqua
Nato su una nave crebbi tra le onde del mare
Conobbi la pioggia ed il suo amore per la terra
Ed anche i pozzi che placano la sete, e ancora
Il timore dei fiumi, che spazzano via male.
Sognavo di sparire, trascinato a fondo,
Sopra di me veder volare le balene
E fuoco splendente nel mio sguardo.
Invece, gettato all'interno delle fogne;
Stretto dal tanfo della merda e del sangue.
La gola tagliata non consente di urlare
In testa bestemmio solo il suo nome,
E me ne vado falciato per sole quattro monete.

28 Dicembre 2021

Ascesa e pentimento

Accasciato sul tuo sforzo
Arranchi in cerca d'aria
Ma hai sopraffatto il tuo nemico
E bagnerai, finalmente, le tue labbra
Con il sangue di un Dio.
Solo una ferita
È ciò che sento
Intorpidito, mi sento privato
Della forza del dolore.
Averne in corpo il sangue
A quale prezzo...
Se non riesco più a stringere
La bianca fiamma fatua
Della coscienza .

02 Gennaio 2022

Sangue unghie e ossa

Non più sanguina,
Ma è assai lontana
La strada che ha come ricordo
Soltanto una cicatrice.
E ti treman furenti le dita
Per la bramosia che han
Le unghie di raschiare
Sotto a quella crosta.
Dapprima solo sangue
Poi muscoli e nervi,
Scavando fino alle ossa
Ed il tepore che trovi
All'interno del tuo corpo
Al tatto ti conforta.
E dallo squarcio che hai aperto
La fine, delicata, ti sospira .

03 Gennaio 2022

20/03

Quell'ultimo momento di pace
Prima che le fiamme
Si ergessero dall'orizzonte.
Prima che d'agonia
Lucidassi i miei occhi
Allo stridere del disco
Della Luna.
E che le nere frecce
Piumate, in cielo
Scacciassero il buio
Ed il freddo.
Costringendomi a vedere,
Obbligandomi a provare.

04 Gennaio 2022

Arte

Condannato ad essere corpo,
In forma ed aspetto.
Condannato a suonare la sua storia,
Con la voce e stupide gesta.
Poterlo estroflettere,
E battezzarlo alla luce del giorno.
Poterne scolpire i conflitti,
Tracciarne i cambiamenti e sviluppi.
Raccontarne il passato in melodie
Scandite dal suono delle parole.
Lo spirito formicola, scalpitante,
Nelle vaste lande del suo sogno.
Filtrato dal corpo, intorpidito,
In sonno e non in sogno,
Resta.

17 Gennaio 2022

Tre del mattino

Da tempo l'orizzonte il sole ha vinto,
Eppure solo adesso inizia
Il brucior, che di rosso, gli occhi ha tinto.
E non racconterei cosa fittizia,
Tanto che di questo io son convinto,
Che i miei pensieri, sotto uman nequizia,
Divennero angustiati e incandescenti;
E i vapor che salgon da quel rogo
Resero i miei bulbi dolenti.
Volendo cercar ad ardere sfogo
Chiusi l'occhi e vennero affluenti
L'ombre e la pace in cui m'affogo.
Con la quiete ch'ora può dominare
Sui miei domini, come una belva antica,
Adesso persino il sol respirare
Appare cosa di minor fatica.
All'unisono s'iniziò a levare,
Al fianco del respiro, un'amica
Melodia, che sembra esser composta
Dal cader di stelle e soffi del vento
Che l'anima sa sorreggere e sposta
Lontana da quel forte turbamento
Da cui adesso può essere nascosta.
Interrotto fu il lieto acquietamento
Da un fragor che mi scosse in volto

Ed il dolore fu così abietto
Che l'esasperar mio fu molto
Sì m'accorsi ch'ancor battea il petto
Venne l'alba e con lei anche il giorno:
Tornai ad essere uno spirito inquieto
Che al monstre stato vol far ritorno
Per sentirsi ancor ente completo.
Quand'è che presumi aver controllo
D'ogni necessità sarai assueto;
E non è passar da saldo a sollo
Ma l'affrontare l'ombra di quell'ego
Che di sé non sa accettare il crollo.
Chissà, se il centro di tale studio
Che c'ogni forza nascondo e rinnego
Sia in vero accolta con tripudio
Poiché ennesimo demone che prego.
Con il rosso calar giunse il preludio
E 'l formicar di idee in vaste frotte
Dell'abbracciar ancor la quiete
Al sopraggiunger di richiesta notte.
E come per lo morir di un uomo
Concesso da un Dio a cui non importa
La luna mi allontanò di nuovo.
Mi destai sì con percezion distorta:
Avvertii l'abisso, ed una voce.
Ed ella era abile tanto contorta
Che il mio raggiunger l'orlo fu veloce

Come il compir di primordial urgenza.
Questa volta non fu meno atroce
Una volta che ne ebbi coscienza:
Analogamente ad ogni successo,
Tutto liscio, come per sentenza
Di qualche entità che l'abbia concesso.
Ma a prescinder di quale fosse il mezzo
Alla fonte della voce ebbi accesso.
Pungente, s'alzò uno strano lezzo
E allor lo vidi, titanico nel cielo,
Che provai un sì natural ribrezzo
Nel scrutar sotto lo stellato velo
Scorsi un ghigno che immobile rese
Le mie ossa, sotto quel forte gelo.
Ma di fronte all'emozion che accese
Quel sogghigno altro non poteva
Ch'esser 'l monil che Artemide difese
Poi m'accorsi che un'altra forma ardeva
Anzi, sua cute, di stellar candore
Era lancia, che buio trafiggeva.
E d'allor portava, dell'oratore,
La corona, tra quei preziosi fili.
Poi s'esibì in sfoggio d'arti canore
Non inferiori alle dita gentili
Che facevan parlar la di lei lira
E i miei pensieri tornaron puerili.
Proprio come forza, forza attira

L'agitar furioso fu sublime
Mentre aspettavo di subir l'ira
Di quello scontro che tutto sopprime.

28 Gennaio 2022

Postfazione

La poesia in prosa, ovvero della dissoluzione

Divagazioni e fantasie di storia e di critica, tra Romanticismo e primo Novecento

di Lorenzo Calvisi

~

ad Agnese, e ai suoi consigli preziosi.

Che Quaglia sia teso fra la volontà di rottura e quella di imitazione, tra l'anelito verso interminati spazi e la brama di catene a non finire, è cosa palese a chiunque scorra anche solo rapidamente la sua produzione. Tensione che non si risolve, ma *collassa* sull'uno o l'altro lato secondo una sorta di *dialettica tragica* - mi si perdoni l'ossimoro. Si tratta di una tensione - anzi, di un'*inquietudine* - in movimento, poiché cambia continuamente partito assieme agli occhi del lettore che cambiano poesia da leggere; frequenta ambedue i poli, senza che trovi agio in alcuno, e con l'irrequietezza di chi sa impossibile una via mediana: come il bagnante che, trovandosi in oceano aperto, non potesse far altro che nuotare da un'isola ardente a una ghiacciata, rimediando ai disagi di una con gli eccessi dell'altra, sapendo che, se non si sbriga a levarsi dallo spazio d'acqua che le separa, vi annegherà.

Le *Prose poetiche* si situano al polo ardente, all'estremo anarchico della produzione di Quaglia. Ecco le linee finali di *Una fredda luce*:

«Allora si serrano i cancelli che spalancano la libertà della mente ed allora arriva la risposta: i segugi abbaiano di fronte al niente confusi da ciò che potrebbe essere nella notte e nel buio senza stelle che li circonda.»

Il ritmo è rapidissimo, sembra correre verso qualche *climax* ignoto, verso un acme che ancora non si distingue neppure in lontananza, per poi arrestarsi di colpo, un millimetro prima di fracassarsi contro un ostacolo che viene solo sfiorato, pur stagliandosi imperioso sul nostro procedere: ecco il «buio senza stelle che li circonda».

Una simile aberrazione, una simile impunita delusione delle aspettative del lettore non sarebbe certo passata incolume sotto i severi freghi censòri dei critici e dei teorici più tradizionalisti e conservatori, di quelli d'una razza oramai estinta da più d'un secolo.

Questo esempio, ed altri analoghi, ci suggeriscono una considerazione ed uno spunto di riflessione. La prima riguarda il rapporto di Quaglia - che ha tutto fuorché il taglio del critico e dello storico - con la storia letteraria. I modelli cui tenta di ribellarsi sono modelli da tempo vetusti, e quelli cui si rifà - doveroso qui ricordare Baudelaire - sono dei rivoluzionari oramai fossilizzati nei volumi di "Classici" di ogni casa editrice degna di questo nome. La tentazione di proseguire con osservazioni e sillogismi di questo tenore esiste, ma, considerando la già ricordata scarsa attitudine alla riflessione storico-critica dell'autore, si rischia di spingersi troppo oltre, e proiettare sul testo una luce che abbaglia senza illuminare, vedendo suggestioni laddove sussistono solo tenui parallelismi.

Lo spunto di riflessione riguarda invece il ruolo del *poème en prose* nella storia della letteratura in Occidente.

Tentare di definirlo sembra già un insulto al buon senso: come può un *poema* essere in *prosa*? Se accettiamo la distinzione formale tra poesia - scritta in versi - e prosa - scritta occupando tutto lo spazio della pagina - la risposta è semplice: non può.

In un suo fondamentale articolo per la Treccani, a proposito della definizione del "poema in prosa", Paolo Zublena scrive che « forzando al massimo l'estensione semantica dei due membri del sintagma potremmo arrivare a una definizione del tipo 'discorso in prosa che funziona come un discorso in versi' »[1].

È forse il poema in prosa uno di quei rari casi in cui la storia produce veramente qualche novità, e non solo uno sviluppo o variazione di quanto era presente fin dall'origine. Gli storici della letteratura attribuiscono a Baudelaire la paternità del genere, e noi vogliamo essere ossequiosi verso questa tradizione. Qualche eretico potrebbe tuttavia obiettare che il genere ha eccome dei precedenti: la prosa ritmica e, senza andare a ripescare nell'oscura selva della letteratura medievale, potrebbe ragionevolmente addurre gli *Inni alla notte* di Novalis come esempio. Obiezione fondata da un punto di vista formale, ma che mostra di non cogliere l'essenza della poesia in prosa, ovvero la sua natura intrinsecamente *dissolutrice*. La prosa ritmica è un genere complesso ed estremamente codificato, risalente a un periodo in cui la letteratura, e la poesia *in primis*, era un'opera di calcolo prima che d'ispirazione, in cui il rispetto di un codice, nella scelta delle forme come dei temi, era *conditio sine qua non* un testo potesse essere considerato letteratura in luogo che carta straccia; la prosa ritmica risale a un'epoca manichea, precedente all'azione dissolutrice romantica. È paradigmatico che Novalis stia infatti all'inizio del Romanticismo, mentre Baudelaire alla fine. Novalis è guidato da un sentimento di inizio e di recupero, e guarda dunque con occhi languidi alla tradizione medievale e con sguardo speranzoso l'avvenire; Baudelaire è pervaso da un sentimento

---

[1] L'articolo è liberamente consultabile all'indirizzo
https://www.treccani.it/magazine/lingua_italiana/speciali/narrativa/Zublena.html

di fine, di epilogo, e scruta ciò che lo precedette con aria melanconica, nostalgica, *avvelenata*. Ecco che la poesia in prosa nasce da un sentimento di amara ribellione: i miasmi emessi dal cadavere di un'epoca, un'epoca in cui ancora l'arte, la poesia, pareva rivestire un ruolo di prestigio, ecco, i miasmi di quest'epoca in decomposizione avevano già reso l'aria irrespirabile, il giogo dei codici tradizionali non poteva davvero essere più tollerato: troppo stanchi, troppo amareggiati, troppo malati erano divenuti gli artisti per sopportare ancora l'opprimente rigore della disciplina poetica consueta. La via dissolutrice indicata dal *poème en prose* di Baudelaire fu portata alle conseguenze estreme da Rimbaud: la sua *Saison en enfer* è il limite estremo delle lettere, l'ultimo luogo in cui la letteratura possa dirsi ancora tale. Oltre vi è solo, facendo un salto, una post-letteratura: è il *Finnegans wake* di Joyce, è l'*Innominabile* di Beckett, è la scrittura automatica dei surrealisti, sono le estrosità di tutti i modernisti più esaltati.

Lautréamont, grande *maudit* misconosciuto financo da Verlaine, tentò la via del *poème en prose* con i suoi *Chants de Maldoror*. Non gli riuscì tuttavia, e forse neppure volle, di liberarsi veramente del giogo della tradizione: semplicemente, operò uno slittamento della poesia verso la narrazione. La grandezza di Lautréamont non sta nella dissoluzione delle forme, ma nella blasfemia delle immagini: la fascinazione del male raggiunge con lui livelli mai visti prima in Occidente, spingendosi nel satanismo e nell'eccesso tanto in là quanto Rimbaud si è spinto nella distruzione di sé e della poesia. A un livello più profondo, sostiene Blanchot, Lautréamont è discepolo di De Sade e, aggiungo io, di Marlowe, non di Baudelaire.

Dino Campana, in Italia, scriveva e pubblicava le prose più belle dei suoi *Canti orfici* nel medesimo periodo in cui, nelle pagine de *La Voce* e *La Ronda*, Cecchi *et alii* perfezionavano l'elzeviro e la prosa d'arte. Genere questo che non ha in realtà niente da spartire col poema in prosa: si tratta propriamente di generi *reazionari*, di una reazione nei confronti del percepito abbandono che soggiaceva a tutte le poesie decadenti, languori cui si volle rispondere col vigore di un controllo formale d'eccezione, con soluzioni stilistiche ingegnose, capolavori d'arte nel senso di capolavori dell'*artificio*, del genere delle brevi e meravigliose composizioni degli *Amori* di Dossi.

Per quanto Campana sia uno di quegli autori che rappresentano se stessi e nient'altro, senza che siano paradigmatici d'alcuna epoca, credo si possa considerare come l'ultimo dei grandi interpreti della poesia in prosa, forse l'unico in Italia degno di nota. Da un punto di vista formale, Campana non si ribella ormai più a niente, perché non ci sono più tirannie dello stile contro cui levarsi, ma usa con disinvoltura stilemi oramai sciolti e disciolti dai francesi che tanto leggeva ed amava. Gli elzeviri e le prose d'arte di vociani e rondisti inaugurano in Italia un'epoca di sensibilità inversa rispetto quella tradizionale - diciamo pure dal medioevo a tutto l'ottocento almeno, per non avventurarci nel mondo classico: se l' "altezza" del genere poetico doveva un tempo corrispondere al rigore quasi matematico dei modelli cui ispirarsi, contenutisticamente ma, soprattutto, formalmente, ora la poesia è il genere della vaghezza, dell'abbandono, dell'assenza di rigore - quanti poeti studiano ancora i manuali di metrica? - mentre la prosa, un tempo genere più "basso" in quanto meno codificato, è adesso il luogo del nuovo rigore, dei nuovi codici: un luogo che, oramai aduso ad ogni sperimentalismo, attende nuove dissoluzioni.

Post scriptum

Tentato, in un primo tempo, di estendere le precedenti considerazioni sino ai giorni nostri, ho desistito poi dall'originario proposto, dissuaso dal mio naturale scetticismo per ogni discorso storico e critico dai confini troppo larghi, che pretenda di abbracciare non dico la totalità di un fenomeno - ad esempio quello letterario - ma anche solo di estendere il suo sguardo su troppe manifestazioni del detto fenomeno distribuite su un arco di tempo troppo vasto, e che m'impone insomma di diffidare di storie e teorie "generali", di qualunque sorta.

Il mio *excursus* è assai circoscritto: un breve esame di alcuni casi notevoli di quel genere detto "poesia in prosa" tra la fine del romanticismo e l'inizio del Novecento - anzi, fino al rondismo e al vocianesimo - dunque meno d'un secolo, con la cura di evidenziarne rapidamente le differenze con la "prosa ritmica" e la "prosa d'arte".

D'altronde, l'odierna critica abbonda di disamine dal più ampio respiro, siano esse sguardi d'insieme sopra la letteratura del nostro tempo, oppure analisi sulle forme e i destini del *poème en prose* nel secolo ventunesimo, come quelle dell'ottimo Zublena, fondamentali per la stesura di questa breve postfazione, e cui rimando per ogni approfondimento.

L. C.
21 Marzo 2022

Lightning Source UK Ltd.
Milton Keynes UK
UKHW011058110522
402816UK00002B/388